AF316185

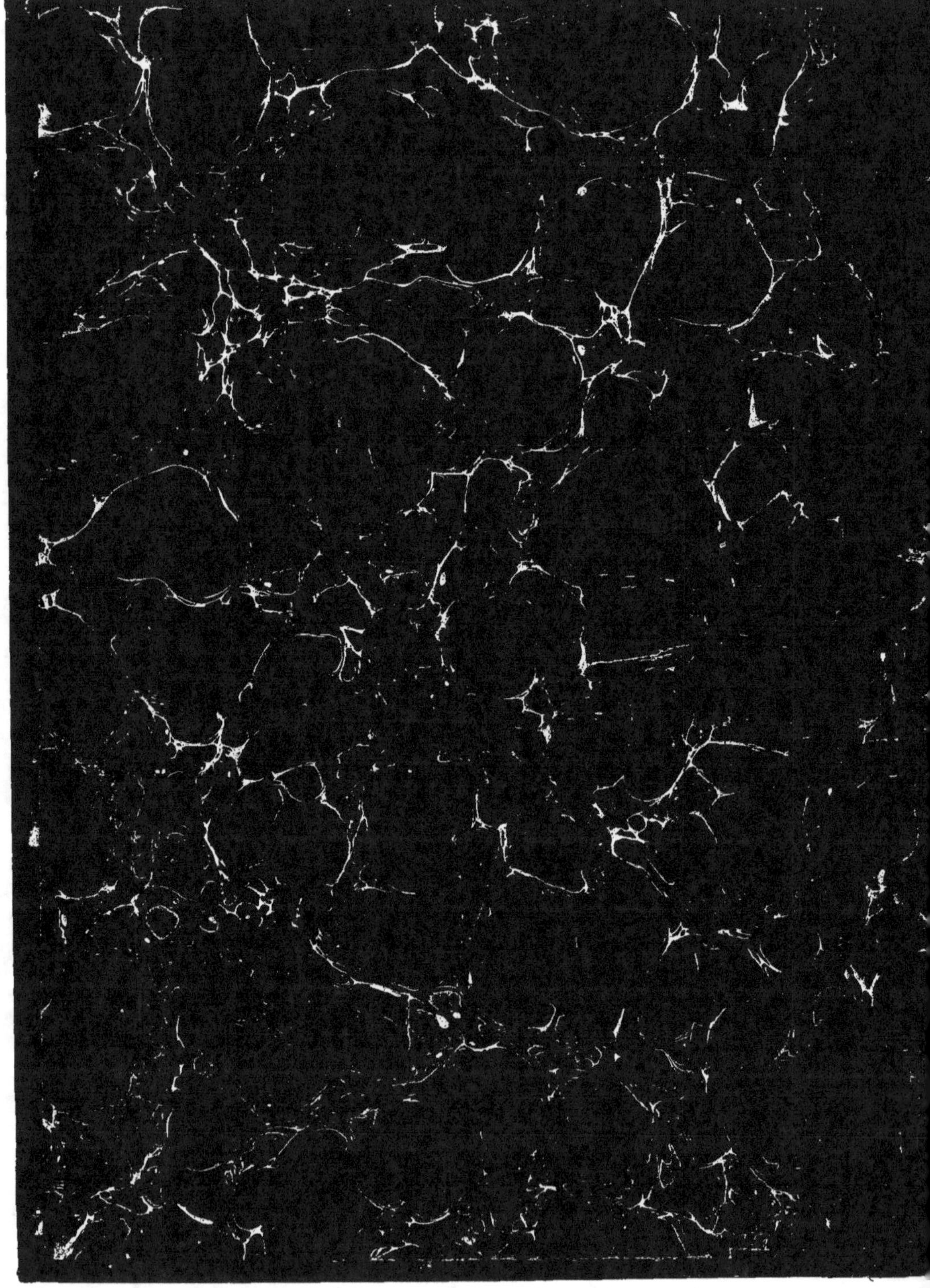

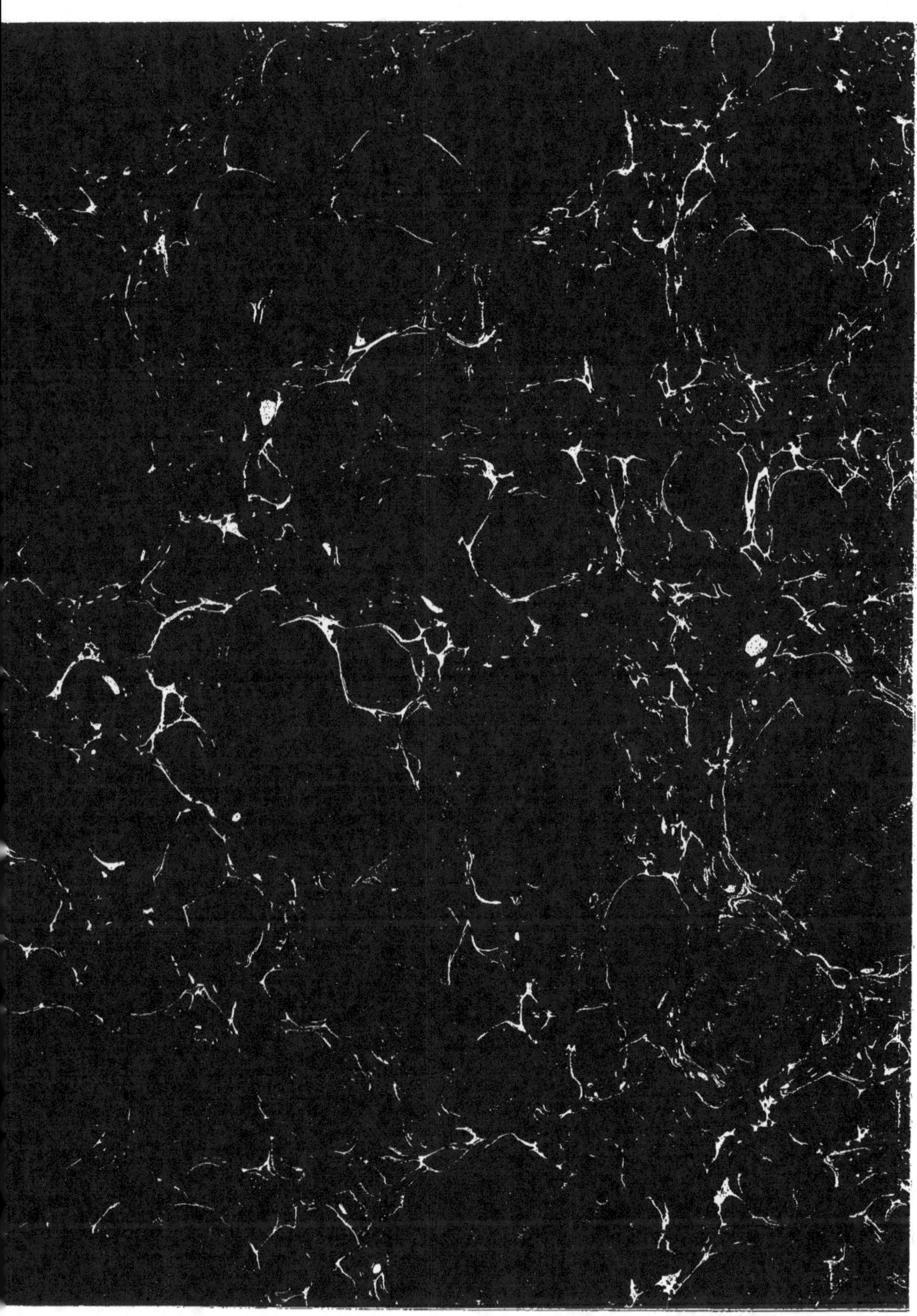

ATLAS

HISTORIQUE ET GÉOGRAPHIQUE

DU MOYEN AGE.

Paris. — Typographie d'A. René, rue de Seine, 32.

ATLAS

HISTORIQUE ET GÉOGRAPHIQUE

DU MOYEN AGE

PRÉSENTANT

DANS UNE SÉRIE DE DOUZE CARTES

LES CHANGEMENTS SUCCESSIFS DE L'EUROPE AUX PRINCIPALES ÉPOQUES

GRAVÉ SUR ACIER

SOUS LA DIRECTION DE MM. CLAUSOLLES ET ABADIE.

PARIS

LIBRAIRIE CLASSIQUE DE PRADEL ET GOUJON

4, RUE HAUTEFEUILLE

ET CHEZ G. MARTIN, LIBRAIRE, 16, RUE SERVANDONI.

—

ANNÉE SCOLAIRE 1845-46.

AVERTISSEMENT.

Si l'histoire nous présente la synthèse des événements, la géographie historique
en donne la meilleure analyse. Les révolutions des empires parlent aux yeux,
quand elles se traduisent par des cartes, où l'on suit, de période en période, les
déplacements des peuples, leurs agrandissements, leur déclin, leur extinction dé-
finitive. C'est donc avec raison qu'on a choisi pour cet atlas huit grandes époques
où tous les mouvements partiels viennent se confondre dans le mouvement géné-
ral, et qu'on a plus particulièrement développé, dans quatre cartes particulières,
les points importants des nations influentes de l'Europe.

Des auteurs, certes d'un grand renom, ont publié des atlas étendus, où l'aspect
politique des Etats est présenté siècle par siècle, et brusquement coupé à chaque
nouvelle période de cent ans. Cette méthode ne pouvait qu'accroître la confu-
sion de l'histoire; car la penséé ne se repose alors sur aucun événement ca-
pital; on cherche le sens d'une époque pour apprécier son importance, et l'esprit
trompé ne trouve qu'un chiffre aride, avec la monotonie des mêmes effets.

On a suivi pour la confection de ce travail un ordre d'idées plus synthéti-
ques, en appliquant à chacune de ces cartes un événement culminant dont
l'influence a été générale sur le monde. Quant aux Etats qui ont eu une importance exceptionnelle à un moment donné, des cartes particulières offrent les déve-
loppements nécessaires pour l'appréciation de ces époques.

On a eu soin de reproduire dans chaque carte les noms des provinces, des villes et des localités qui figurent dans les événements historiques intermédiaires, afin que la succession des faits ne présentât pas de lacunes. Ainsi, de l'invasion des Barbares à l'empire des Arabes, de Mahomet à Charlemagne, du X° siècle aux Croisades, etc., nous avons toujours mentionné les peuples nouveaux qui apparaissent, les champs de bataille, les lieux célèbres, et en assez grand nombre, afin qu'on puisse lire avec facilité l'histoire, non-seulement dans notre *Précis*, mais dans des livres plus étendus. On a élagué tout ce qui est de pure érudition, pour s'attacher plus particulièrement à ce qui est vraiment historique et à ce qui rappelle les grandes révolutions des nations. On s'est éclairé des documents les plus exacts; ainsi, pour ce qui concerne l'Asie-Mineure, l'Arabie, la Perse, la côte d'Afrique, etc., les travaux de M. Texier, du major Rennel, les cartes publiées par le gouvernement russe, le grand atlas espagnol, tous les ouvrages publiés récemment en Allemagne et en France ont été étudiés avec soin et mis à profit.

Pour justifier le système adopté dans la confection de l'Atlas, nous donnons ci-après la nomenclature des cartes, accompagnées d'un sommaire explicatif.

INVASION DES BARBARES. — Etat de l'Europe et de l'Asie occidentale, au moment où l'invasion devient générale. Déplacement et marche des peuples barbares : Wisigoths, Huns, Alains, Suèves, Vandales, Burgondes, Ostrogoths, Anglo-Saxons, etc. — L'empire d'Occident a disparu et fait place aux nouveaux royaumes fondés par ces races : les Ostrogoths occupent l'Italie, les Wisigoths l'Espagne et l'Aquitaine; les Burgondes s'établissent dans le bassin du Rhône, les Vandales dans l'Afrique septentrionale, les Francs dans la Gaule, au nord de la Loire; les Angles et les Saxons forment l'heptarchie dans la Bretagne. — Au delà du Danube et du Pont-Euxin sont encore campés les peuples dont l'invasion n'est point terminée, tout ce qui est de race slave, et les restes de la race scythique, Bulgares, Madjyares, etc.—Enfin, l'empire d'Orient, qui s'est maintenu malgré ces violentes attaques.

EMPIRE DES ARABES. — Les conquêtes des Arabes forment l'événement majeur de la première période de l'histoire du moyen âge. Leur empire s'étend des Pyrénées à l'Indus. — Les Etats européens qui existaient à l'époque de la puissance des Arabes sont aussi mentionnés sur la carte. — Enfin, un cadre particulier donne les indications nécessaires pour suivre les invasions des Sarrasins en France.

DÉMEMBREMENT DE L'EMPIRE DE CHARLEMAGNE. — C'est le tableau fondamental de l'Europe du VIII° au X° siècle. On a dû choisir le partage définitif qui survint après la mort de Charles-le-Gros (888), car alors se sont formées diverses nationalités qui ont traversé tout le moyen âge. — Par ce démembrement, on peut aussi facilement remonter à l'étendue de l'empire de Charlemagne; car il suffit d'embrasser les limites extrêmes des Etats sortis de cette division.

EUROPE AU X° SIÈCLE. — Il s'agit ici de l'avénement d'Othon Ier en Allemagne et de Hugues-Capet en France. Cette époque est intéressante, parce qu'elle présente le triomphe de la féodalité dans l'Europe occidentale.

EUROPE, POUR LES PREMIÈRES CROISADES.—1° Marche de Godefroy de Bouillon, de Raymond,

comte de Toulouse, de Robert de Normandie pour la première croisade. — 2° Marche de Louis VII, de
Frédéric Barberousse, pour la seconde croisade. — 3° Marche de Philippe-Auguste, de Richard
Cœur-de-Lion, pour la troisième croisade.

FRANCE SOUS PHILIPPE-AUGUSTE. — Cette carte peut être considérée comme une France
féodale, car tous les grands fiefs et la plupart des arrière-fiefs y sont mentionnés. — Guerres des
Albigeois. — Coalition des princes de l'empire contre Philippe-Auguste, etc.

ESPAGNE SOUS LES ALMOHADES. — Tous les noms historiques de l'Espagne musulmane et
de la restauration nationale jusqu'au XVe siècle y sont mentionnés. — Délimination des Etats chré-
tiens et musulmans au déclin des Almohades (1212).

EUROPE, POUR LES DERNIÈRES CROISADES. — Quatrième croisade ; Empire latin. — Routes
différentes des cinquième, sixième, septième croisades. — Expédition de saint Louis à Tunis. — Ac-
croissement de Gênes et de Venise ; leurs colonies.

ITALIE, POUR LES GUERRES DES GUELFES ET DES GIBELINS. — On y a joint tous les
noms historiques de cette contrée depuis le pontificat de Grégoire VII. — Républiques italiennes.

**EUROPE CENTRALE, OU ALLEMAGNE SOUS LES EMPEREURS DE LA MAISON DE
SOUABE.** — Cette carte présente aussi les noms de la ligue Anséatique, les localités importantes
pour l'insurrection de l'Helvétie, etc. ; le développement de l'ordre Teutonique en Prusse, l'ac-
croissement de la Pologne et de la Lithuanie.

ÉTAT DE L'EUROPE PENDANT LA GUERRE DE CENT ANS. — Agrandissement de l'empire ottoman. — Evénements contemporains du grand schisme, guerres religieuses de la Bohême. —
Invasions tartares dans le nord de l'Europe, et de Timour-Leng (Tamerlan) dans l'Asie occidentale.

ÉTAT DE L'EUROPE A LA FIN DU MOYEN AGE. — Chute du Bas-Empire. — Expulsion des
Maures de l'Espagne. — Formation de tous les Etats du Nord. — France parlementaire et monar-
chique. — Le Saint-Empire germanique, etc.

CARTES QUI COMPOSENT L'ATLAS DU MOYEN AGE.

1° Le monde barbare.

2° L'invasion arabe.

3° Démembrement de l'empire de Charlemagne.

4° Europe au X⁰ siècle.

5° Europe, pour les trois premières Croisades.

6° France et ses grands fiefs sous Philippe-Auguste.

7° Espagne sous les Almohades.

8° Europe et Asie occidentale, pour les dernières Croisades.

9° Europe sous la maison de Souabe.

10° Italie septentrionale, pour les guerres des Guelfes et des Gibelins.

11° Europe pendant la guerre de cent ans.

12° Europe à la fin du moyen âge.

INVASION DES BARBARES
OCÉAN ATLANTIQUE
MER GERMANIQUE
MÉDITERRANÉE
MER CASPIENNE
PONT EUXIN ou MER NOIRE
Nations Slaves
Nations de Race Scythique et Tartare
Nations Septentrionales
MER ADRIATIQUE
ARABIE

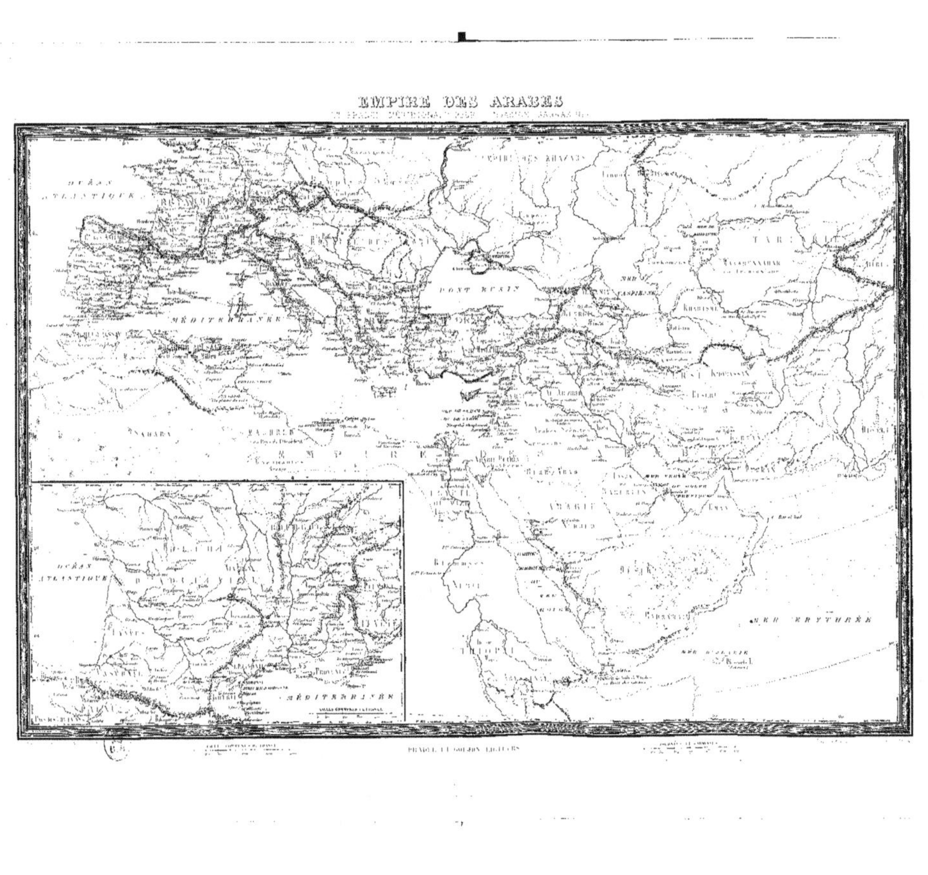

EMPIRE DES ARABES
OCÉAN ATLANTIQUE
MÉDITERRANÉE
PONT EUXIN
MER CASPIENNE
SAHARA
EMPIRE
ARABIE
MER ERYTHRÉE
TARTARIE
KHORASAN
OCÉAN ATLANTIQUE
MÉDITERRANÉE
PRADEL ET GAUJON, EDITEURS

DÉMEMBREMENT DE L'EMPIRE DE CHARLEMAGNE.
MER BALTIQUE
MER GERMANIQUE
MANCHE
OCÉAN ATLANTIQUE
ROYAUME DE FRANCE
ROYAUME D'ANGLETERRE
GRAND DUCHÉ DE RUSSIE
ROYAUME DES MORAVES
HONGRIE
ROYAUME D'ITALIE
MER ADRIATIQUE
MER DE GASCOGNE
MER MÉDITERRANÉE
MER IONIENNE
PRINCIPAUTÉS & ÉTATS
ROYAUME DE BULGARIE
PRADEL ET COUJON, ÉDITEURS.

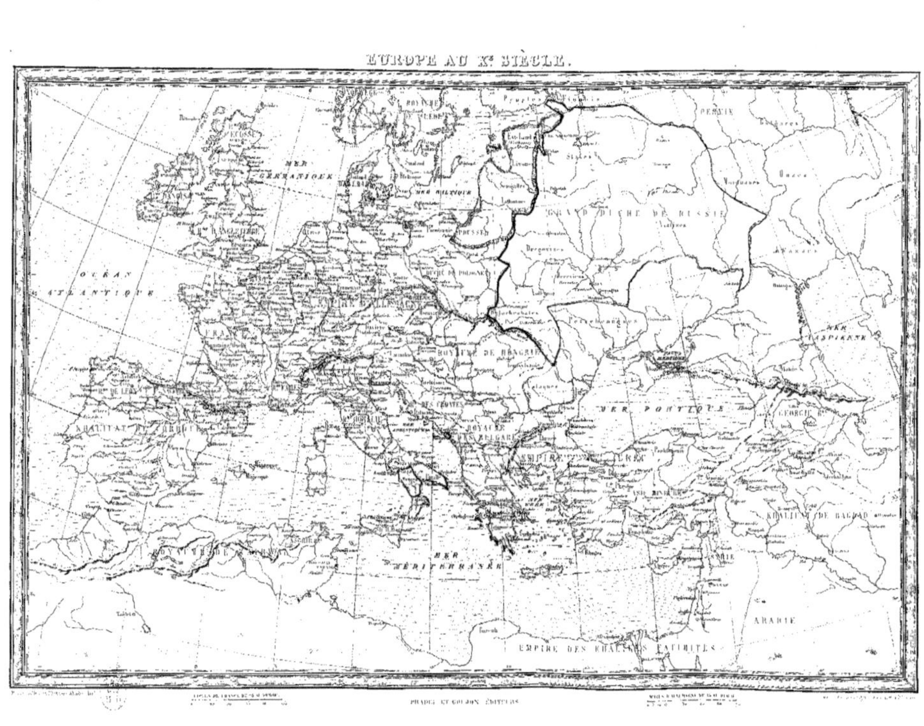

EUROPE AU X.e SIÈCLE.

EUROPE POUR LES PREMIÈRES CROISADES.
OCÉAN ATLANTIQUE
Finlande
GRAND DUCHÉ DE MOSCOVIE
PERSE
Bulgare
ROYAUME DE HONGRIE
MER PONTIQUE
MER D'ESPAGNE
MÉDITERRANÉE
DÉSERT DE SAHARA
KHALIFAT D'ÉGYPTE
ARABIE
ROYAUME DE BAGDAD
SULTANIE DE DAMAS
PRADEL ET GOUJON ÉDITEURS.

FRANCE SOUS PHILIPPE AUGUSTE.
ANGLE TERRE
MANCHE
FLANDRE
PALATINAT
ALLEMAGNE
SOUABE
BAVIÈRE
DUCHÉ DE LORRAINE
NORMANDIE
BRETAGNE
OCÉAN ATLANTIQUE
ISLE DE FRANCE
CHAMPAGNE
MAINE
ANJOU
TOURAINE
BERRY
BOURGOGNE
BOURBONNAIS
GRISONS
AUVERGNE
GUYENNE
GOLFE DE GASCOGNE
GASCOGNE
LANGUEDOC
PROVENCE
LOMBARDIE
ITALIE
GOLFE DE GÊNES
ESPAGNE
R. DE LÉON ET DE CASTILLE
R. D'ARAGON
CATALOGNE
MÉDITERRANÉE
P. Clouet et Philibert Abche del.
PRADEL ET GOUJON, ÉDITEURS.
LIEUES DE FRANCE DE 25 AU DEGRÉ.
MILLES D'ALLEMAGNE DE 15 AU DEGRÉ.

ESPAGNE SOUS LES ALMOHADES. 
MER DES ASTURIES
Gascogne
FRANCE
Comté de Toulouse
Provence
OCÉAN ATLANTIQUE
ROYAUME DE LEON
VIEILLE CASTILLE
ROYAUME DE NAVARRE
ROY. D'ARAGON
Catalogne
ROYAUME DE PORTUGAL
ROY. DE CASTILLE
Nouvelle Castille
ROY. DE VALENCE
Estremadure
Estremadure
RES DE MAJORQUE
Majorque
Minorque
ROYAUMES MAURES DES Almohades
Algarve
Andalousie
MÉDITERRANÉE
ROYAUME DE MAROC
(aux Almohades)
AFRIQUE
Lisbonne
SÉVILLE
VALENCE
DÉTROIT DE GIBRALTAR
LIEUES D'ESPAGNE DE 17 ½ AU DEGRÉ
PRADEL ET GOUJON, ÉDITEURS.
LIEUES DE FRANCE DE 25 AU DEGRÉ

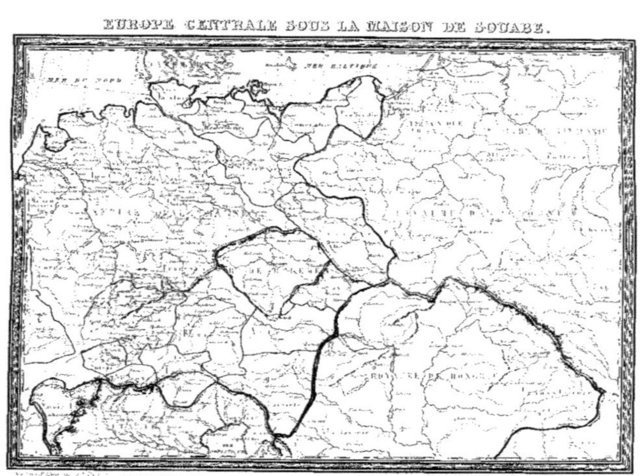

ITALIE SEPT.le POUR LA GUERRE DES GUELFES ET DES GIBELINS.
EUROPE CENTRALE SOUS LA MAISON DE SOUABE.

ÉTAT DE L'EUROPE PENDANT LA GUERRE DES CENT ANS

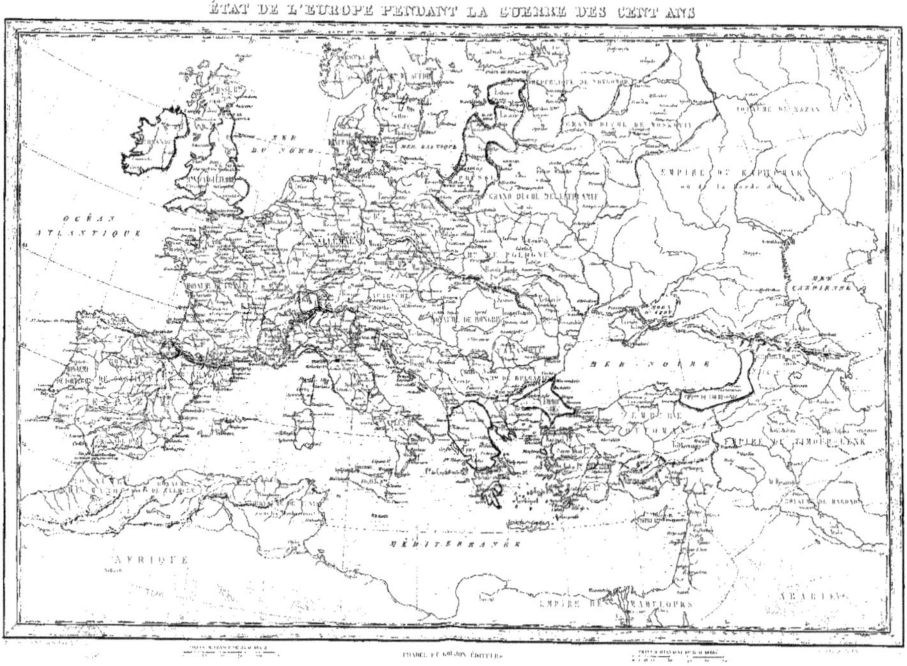

PRADEL ET GOUJON ÉDITEURS

ÉTAT DE L'EUROPE À LA FIN DU MOYEN ÂGE
OCÉAN ATLANTIQUE
MER MÉDITERRANÉE
MER NOIRE
ROY. DE POLOGNE
GRAND DUCHÉ DE MOSCOVIE
EMPIRE TARTARE DU KAPTCHAK
ROY. DE HONGRIE
SAHARA
ROY. DE TRIPOLI
EMPIRE DES MAMELUCKS
ARABIE
SYRIE
MER DU LEVANT
BALÉARES
SARDAIGNE
ANATOLIE
PERSE
MONGE ET GOUJON, ÉDITEURS

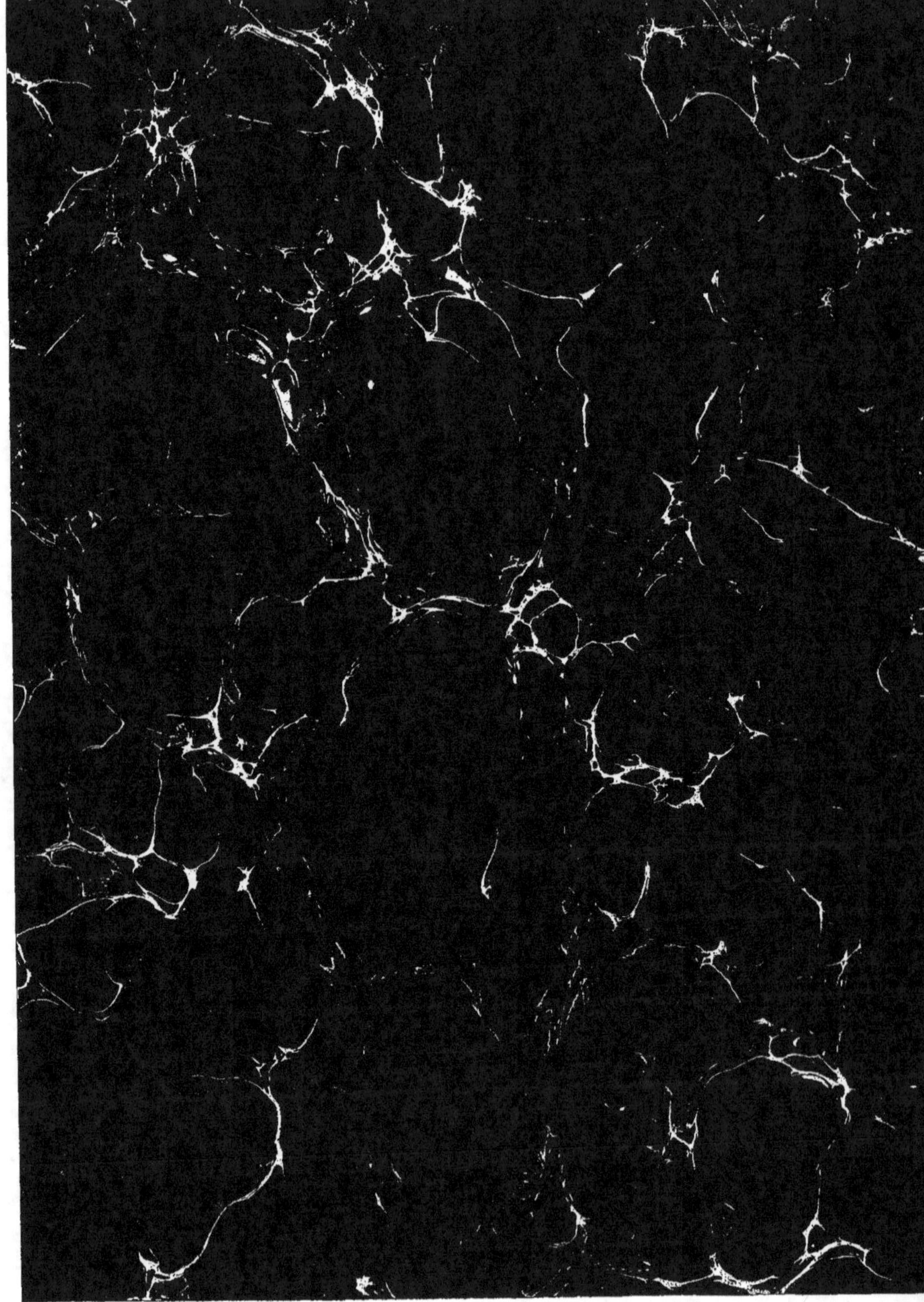

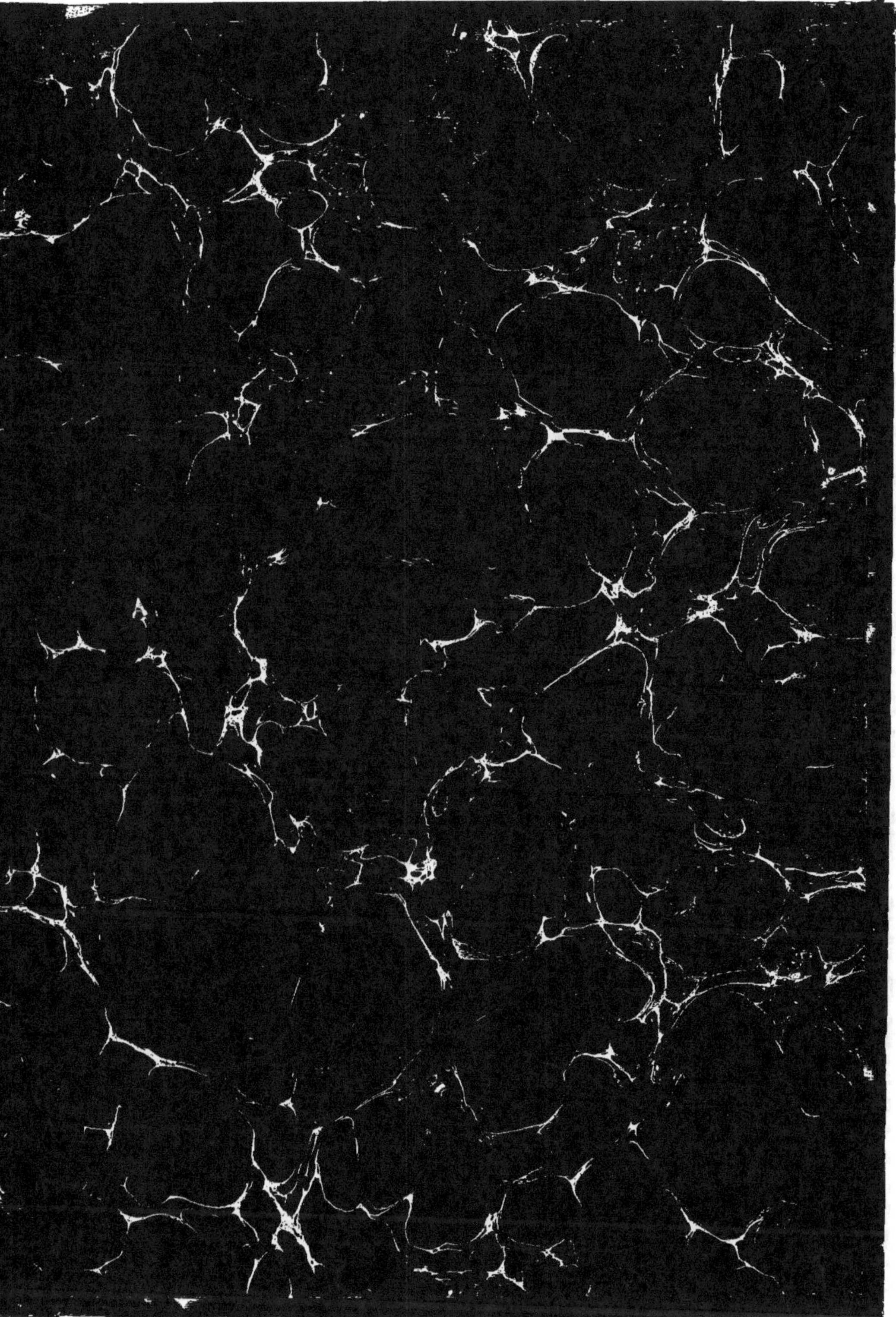

* 9 7 8 2 0 1 3 6 1 9 1 6 5 *